Género Cuento folclórico

Pregunta esencial

¿Qué características hacen que los animales sean únicos?

EL REY DE LAS AVES

Un cuento folclórico maya

versión de Karen Alexander • ilustrado por Linda Bittner

Capítulo 1

LA REUNIÓN

La selva tropical estaba llena de aves que cantaban en las copas de los árboles. Hurgaban entre las hojas del suelo buscando insectos para comer. Construían nidos en los huecos de los troncos de los árboles. Además, reñían todo el día.

El halcón miraba consternado a su alrededor. Durante muchos años, había gobernado a las aves. Ahora estaba viejo y cansado. Organizó una reunión. Les dijo a las aves que debían elegir un nuevo rey que las ayudara a evitar las peleas.

Entonces planearon una gran reunión para elegir a un rey. Cada ave pensaba, en secreto, que sería el mejor rey.

El sinsonte pasó al frente primero. Pensaba que sería el mejor rey porque su voz era más bella que la del resto de las aves. Para comprobarlo, cantó canciones de grillos y ranas a todo pulmón.

Las otras aves quedaron deslumbradas. Pensaron que, tal vez, el sinsonte debería ser el rey.

Luego, el cardenal pasó al frente pavoneándose. Iba y venía desfilando y ostentando sus maravillosas y relucientes plumas rojas. Sacudía las alas haciendo que su penacho, o copete de plumas, se levantara.

Las otras aves quedaron asombradas por las hermosas plumas escarlatas del cardenal y su poderoso pico. Pensaron que, tal vez, el cardenal podría ser un buen rey.

Después, el pavo ofreció sus servicios como rey. Se infló el pecho. Su voz era tan fuerte y segura, que llegaba hasta el fondo de la reunión. El pavo expuso muy bien sus razones. Dijo que podía mantener el orden entre las aves y detener las peleas porque era grande y fuerte. También explicó que era atento como para protegerlas del peligro.

Las otras aves escucharon detenidamente. Tal vez, el pavo debería ser el rey.

Durante todo el día, diferentes aves pasaron al frente para explicar por qué deberían ser el rey. Había aves de todos los colores y tamaños, bulliciosas y tranquilas, presumidas y tímidas. Mientras cada una hablaba, las demás asentían con las cabezas. Susurraban entre ellas. Tal vez, esta fuese el ave que debería ser rey.

Solo el quetzal guardó silencio. Las otras aves lo miraban incrédulas porque lo consideraban arrogante y ambicioso.

Capítulo 2

¡El quetzal como rey!

El quetzal tenía un problema. Sabía que era listo y atrevido. Estaba seguro de que era la opción perfecta para ser rey, pero sus plumas no eran deslumbrantes. Entonces pensó en el correcaminos, el mensajero de las aves, porque tenía increíbles plumas de colores.

El quetzal se adentró en la selva para hablar con el correcaminos. Le dijo que no intentara ser rey porque estaba demasiado ocupado. Se jactó de ser muy inteligente y afirmó que sería el mejor rey de entre todas las aves. Lo único que le faltaba era que sus plumas fueran deslumbrantes, como las del correcaminos.

El quetzal intentó convencer al correcaminos de que le prestara sus plumas. A cambio, le prometió compartir con él todas las riquezas que obtuviera como rey.

El correcaminos no estaba muy contento con la idea. Le gustaban sus plumas, y si las perdía, tendría frío. Sin embargo, al quetzal no le llevó mucho tiempo convencerlo de desprenderse de sus plumas.

El quetzal no le dio nada a cambio a su amigo generoso. Simplemente, agregó las plumas del correcaminos a sus propias plumas y se fue.

Detective del lenguaje	**El verbo llevó está en pretérito. ¿Puedes conjugarlo en presente?**

Pocos minutos más tarde, un ave reluciente voló hacia la reunión sacudiendo su larga y colorida cola. El quetzal no solo era hermoso, sino también un convincente orador. En poco tiempo, había convencido a todas las aves y fue elegido como el nuevo rey.

Capítulo 3

El correcaminos traicionado

El quetzal estaba muy ocupado con sus labores como rey. Se había olvidado de su amigo, el correcaminos.

Pero, después de algunos días, las otras aves se dieron cuenta de que hacía tiempo que no veían al correcaminos. Entonces, lo buscaron por toda la selva, sin noticias.

Finalmente, encontraron al correcaminos escondido detrás de un árbol. Tenía hambre y frío. Miraba de reojo. Se había escondido allí porque estaba muy avergonzado de que lo vieran con la piel desnuda.

Todas las aves lo ayudaron. Le llevaron un poco de comida y algunas de sus plumas para abrigarlo.

Detective del lenguaje	**Halla el verbo subrayado en la página 12. ¿Cuál es su infinitivo?**

El correcaminos volvió a estar abrigado y bien alimentado. Sin embargo, estaba triste porque ya no tenía sus hermosas plumas. Sus nuevas plumas tenían distintos colores y formas. Se veía extraño y desparejo. Esperaba ansioso poder recuperar sus propias plumas.

El correcaminos esperaba ilusionado que el quetzal le devolviera sus sorprendentes plumas de colores, pero el quetzal nunca regresó. Incluso hoy, el correcaminos corre ansiosamente por la selva en busca del quetzal.

Respuesta a la lectura

Resumir

Usa detalles de *El rey de las aves* para resumir qué características especiales tenían las distintas aves de este cuento. Usa el organizador gráfico como ayuda.

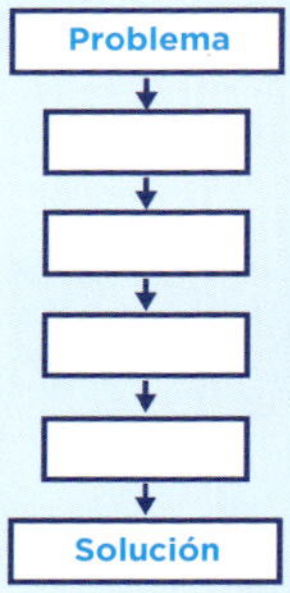

Evidencia en el texto

1. ¿Cómo sabes que *El rey de las aves* es un cuento folclórico? GÉNERO

2. ¿Qué problema tiene el halcón? ¿Qué solución encuentra? PROBLEMA Y SOLUCIÓN

3. Busca la palabra *reñían* en la página 2. ¿Qué palabras cercanas te ayudan a saber su significado? SINÓNIMOS

4. Escribe sobre el problema del quetzal y los pasos que siguió para resolverlo. ESCRIBIR SOBRE LA LECTURA

Género **Texto expositivo**

Compara los textos

Lee sobre las características especiales del quetzal.

El verdadero Quetzal

Los quetzales viven en las selvas tropicales de América Central. Los resplandecientes machos tienen plumas brillantes y una larga cola verde esmeralda. Sus cuerpos miden casi 15 pulgadas de largo y sus colas pueden alcanzar las 30 pulgadas.

Sus patas tienen una característica única. Los dos dedos internos miran hacia atrás y los dos externos hacia delante. Pueden posarse sobre las ramas de los árboles, pero les cuesta caminar. Por eso, no se los ve a menudo en el suelo del bosque.

Patas de las aves

Pata de la mayoría de las aves	Pata de un quetzal

Michael Maslan/Corbis Historical/Getty Images

Resplandeciente significa "deslumbrante", y estas aves han deslumbrado a las personas durante miles de años. Los quetzales fueron muy importantes para la cultura maya. Sus plumas eran preciadas: se usaban para decorar la vestimenta de los gobernantes. También se comercializaban. Las brillantes plumas verdes de la cola del macho tenían más valor que el oro. Por esta razón, a las aves se las consideraba como un signo de riqueza.

A los quetzales se los oye más de lo que se los ve, pues se ocultan entre las hojas verdes de la selva.

Los quetzales usan sus picos para ahuecar el tronco de un árbol en descomposición y construir sus nidos allí.

Hoy, los quetzales están en peligro de extinción por dos razones principales. Primero, se los caza por sus plumas. Segundo, se están destruyendo las selvas tropicales donde viven. En algunos países, estas aves están protegidas.

Haz conexiones

¿Cómo te ayudó *El verdadero quetzal* a comprender lo que hace que un animal sea único? **PREGUNTA ESENCIAL**

¿Cómo te ayudó la descripción del quetzal en *El verdadero quetzal* a comprender las características del quetzal mencionadas en *El rey de las aves*? **EL TEXTO Y OTROS TEXTOS**

Enfoque: Género

Cuento folclórico *El rey de las aves* es un cuento folclórico. Fue transmitido por narradores en el tiempo. Por lo general, estos cuentos son muy antiguos. *El rey de las aves* tiene origen maya. Podría tener más de dos mil años. Cada persona que lo narra, lo modifica un poco. A menudo, los animales en estos cuentos están personificados. A veces, los cuentos folclóricos intentan enseñarnos una lección.

Lee y descubre Muchos cuentos folclóricos les dan a los animales características humanas, como codicia y vanidad. No son verdaderos. Los sucesos no podrían ocurrir en la vida real. Por ejemplo, en *El rey de las aves*, el correcaminos le presta sus plumas al quetzal. Esto no podría suceder en la realidad. A menudo, estos cuentos tienen una moraleja. Nos enseñan sobre la naturaleza humana y cómo deberíamos comportarnos.

Tu turno

Escribe tu propio cuento folclórico. Puede ser tu versión de un cuento viejo o uno imaginario nuevo. Tu historia debe tener un mensaje que demuestre a las personas cómo comportarse.